Agenda 2021-2030 Exposta!

COVID-19 Lascas de Vacina e Passaportes; O Grande Reset e a Novo Normal: Notícias Não Relatadas e Reais

Rebel Press Media

Isenção de responsabilidade

Nossos outros livros

Confira nossos outros livros para outras notícias não relatadas, fatos expostos e verdades desmascaradas, e muito mais.

Junte-se ao exclusivo Rebel Press Media Circle!

Você receberá uma nova atualização sobre a realidade não relatada, entregue em sua caixa de entrada todas as sextas-feiras.

Inscreva-se aqui hoje:

https://campsite.bio/rebelpressmedia

Introdução

Arcebispo diz que "Estado profundo" e "Igreja profunda" trabalham lado a lado para estabelecer um império mundial anti-cristão - Cooperação estreita entre o Vaticano e a China "uma vergonhosa traição à missão da Igreja".

A agenda "Great Reset - Build Back Better", tal como está sendo lançada em todo o Ocidente, chega a nada menos que o "estabelecimento do reino do Anticristo", segundo o Arcebispo Carlo Maria Viganò. Nos últimos meses, Viganò, um dos mais ferozes oponentes do Papa Francisco, tem se manifestado repetidamente em termos fortes sobre o que está sendo feito sob o pretexto de combater um vírus. Por exemplo, ele chamou a fraude eleitoral colossal nos EUA de "ataque de escuridão à humanidade", e no outono de 2020 ele escreveu uma carta a Donald Trump avisando ao presidente que a Grande Reposição é uma "conspiração global contra a humanidade e contra Deus".

Tabela de Conteúdos

Capítulo 1: O novo líder

O Papa católico romano Francisco é o "líder espiritual da nova religião universalista globalista".

O Arcebispo falou, entre outras coisas, sobre o papel central que ele acredita que a China desempenha no "Estado Profundo" global. A China quer expandir seu poder econômico em todo o mundo e, enquanto isso, em casa, "restaurar a tirania maoísta". Isto exige a abolição das religiões (especialmente as católicas). Estas serão substituídas pela religião do Estado, que tem muito em comum com a religião globalista universal, da qual Bergoglio (Papa Francisco) é o líder espiritual".

Viganò constantemente chama o Papa Francisco por seu verdadeiro nome, já que ele não o reconhece como o verdadeiro papa. Benedito foi alegadamente deposto pela "Igreja Profunda" e substituído pelo jesuíta Bergoglio, recebendo ajuda direta da administração Obama. Essa conspiração foi demonstrada pelo WikiLeaks, que publicou os e-mails invadidos de Hillary Clinton e John Podesta*, o ex-chefe de gabinete de seu marido Bill e mais tarde, brevemente, um conselheiro de Obama.

(John Podesta foi uma das figuras centrais no infame 'pedo-pizza gate', que foi descartado pela mídia como uma teoria de conspiração, mas que ficou muito claro a partir dos e-mails invadidos).*

A estreita cooperação entre o Vaticano e a China "é uma grave traição à Igreja".

A cumplicidade da Igreja Profunda de Bergoglio neste projeto diabólico tem roubado aos católicos chineses a defesa imperecível que o papado sempre foi para eles. Até Bento XVI, o papado se recusou a firmar quaisquer acordos com a ditadura de Pequim. As suspeitas de que a China esteve envolvida na renúncia de Bento XVI são muito fortes e são consistentes com o quadro que temos visto se desenvolver nos últimos meses".

Como resultado, enfrentamos agora uma vergonhosa traição à missão da Igreja de Cristo, realizada por seus mais altos líderes, em conflito aberto com os membros da hierarquia subterrânea católica chinesa, que permaneceram fiéis a nosso Senhor e a Sua Igreja". Ele espera, portanto, que ainda existam governos no mundo que não tenham sido corrompidos e minados pelo Estado profundo, e que eles se preocupem com o destino dos fiéis na China e tomem medidas. *(Pelo menos no Ocidente, esses governos não estão mais lá)*

A estreita cooperação entre o Vaticano e a China é "uma grave traição à Igreja por parte de seus líderes". Poderíamos também assumir que em alguns casos esta traição é cometida não somente por indivíduos, mas também pelas próprias instituições, como é o caso da União Européia, que atualmente está finalizando um acordo comercial com a China, apesar da violação sistemática dos direitos humanos e da repressão violenta dos dissidentes naquele país". *(E talvez isto se deva também ao fato de a UE ter estado ocupada durante muitos anos fazendo-se uma cópia da China em termos tecnocrático-autoritários).*

Joe Biden é um "desastre inimaginável" para o mundo, "o homem serve a uma agenda anti-cristã".

Joe Biden na Casa Branca significa, segundo o arcebispo, "um desastre irreparável" para o mundo. Ao mesmo tempo, "ele é indiscutivelmente apenas um fantoche nas mãos da elite, que estão prontos para removê-lo assim que decidirem substituí-lo por Kamala Harris". O vice-presidente de extrema-esquerda de Biden, deve-se notar, é regularmente abordado como "presidente" pelo próprio Biden. O demente Biden, que mal consegue proferir duas frases completas seguidas sem perder o fio da meada, estará, portanto, consciente de que provavelmente será substituído por Harris durante seu primeiro mandato, que transformará permanentemente os Estados Unidos em uma ditadura comunista de clima e vacina, como está acontecendo agora na UE.

A subserviência do Bergoglio à agenda globalista é clara, assim como seu apoio ativo a Joe Biden". É por isso que o papa atual foi tão hostil a Trump, 'que aos seus olhos era um obstáculo que precisava ser removido para que a Grande Reposição pudesse ser posta em marcha... Joe Biden serve à ideologia globalista e à sua agenda perversa, anti-humana, anticristã, diabólica".

Capítulo 2: Expor a verdade

A corrupção e os crimes cometidos por líderes da Igreja devem ser revelados".

Para deter a Igreja Profunda e restaurar a Igreja Católica, "a extensão do envolvimento dos líderes da Igreja com o projeto maçônico globalista deve ser revelada, e a natureza da corrupção e dos crimes cometidos por esses homens". Sob Francisco, ele diz, a Igreja foi "assumida por mercenários".

Os católicos, entretanto, ainda têm, em sua opinião, "tempo de deter esta derrocada global e o estabelecimento da Nova Ordem". Deixe-os pensar que tipo de futuro querem para as próximas gerações, e a destruição da sociedade". Deixe-os pensar sobre sua responsabilidade para com Deus, seus filhos e sua nação.

Entretanto, ele disse isso em um momento em que alguns ainda esperavam que o golpe eleitoral ilegal nos Estados Unidos ainda pudesse ser revertido, e Biden se manteve fora da Casa Branca. Se isso não for bem sucedido, porém, "os EUA serão dizimados da história".

A grande mídia é um aliado indispensável do Estado Profundo

O plano Great Reset usa a mídia dominante como um aliado indispensável; as empresas de mídia (ocidentais) são quase todas parte ativa do Deep State, e sabem que o poder garantido a elas no futuro depende exclusivamente de sua submissão servil a esta agenda".

Que os opositores do Grande Reset são invariavelmente chamados de "teóricos da conspiração" é, diz ele, "confirmação da existência dessa conspiração, e do fato de que seus implementadores estão muito consternados de que isso tenha sido descoberto e dito ao público. No entanto, eles mesmos dizem que nada permanecerá o mesmo ("o novo normal"), e "Construir melhor", para nos fazer acreditar que as mudanças radicais que eles querem impor são necessárias por causa da pandemia, da mudança climática e dos avanços tecnológicos.

Anos atrás, o termo "Nova Ordem (Mundial)" foi rotulado de "pensamento conspiratório", mas agora todos os líderes mundiais, incluindo o Papa, estão falando abertamente sobre isso, propondo exatamente um sistema totalitário global tal que os chamados "pensadores conspiratórios" vêm alertando há tanto tempo. Figuras como Klaus Schwab (WEF) e Bill Gates não têm nem mesmo vergonha de dizer que foi necessária uma pandemia para fazer passar esta "Grande Reposição", esta reversão total de nossa sociedade, com a plena cooperação dos governos nacionais.

A base para uma futura sociedade sem pais, sem religião, e a imposição de um culto diabólico".

Se eles conseguirem obter controle total sobre nossos países, então teremos uma sociedade com "famílias sem pai e sem mãe, poliamoria, sodomia, crianças que podem mudar seu sexo, a abolição da religião e a imposição de um culto diabólico, o aborto e a eutanásia, a abolição da propriedade privada, uma ditadura de "saúde" (vacina) e uma eterna pandemia. É este o mundo que queremos, que você quer para si mesmo, seus filhos, sua família e amigos'?

Devemos todos tomar consciência do quanto os defensores desta Nova Ordem Mundial e da Grande Restauração odeiam os valores inalienáveis de nossa civilização greco-cristã, como a religião, a família, o respeito pela vida e os direitos invioláveis do indivíduo humano, e a soberania nacional".

Capítulo 3: A igreja profunda

Um grupo de conspiradores estava e ainda está ativo no coração da Igreja para os interesses da elite". A maioria deles são visíveis, mas os mais perigosos são aqueles que não se mostram, que nunca são mencionados nos jornais". Eles não hesitarão em forçar Bergoglio a renunciar se ele não seguir suas ordens, assim como eles fizeram com Ratzinger. Eles querem transformar o Vaticano em uma casa de repouso para os papas eméritos, destruir o papado e tomar o poder - exatamente a mesma coisa que está acontecendo no Estado Profundo, onde Biden é o equivalente de Bergoglio'.

Para derrubar o Estado Profundo e a Igreja Profunda, três coisas são necessárias:

Devemos tomar consciência do plano globalista e da medida em que ele é fundamental para o estabelecimento do reino do Anticristo, uma vez que ele compartilha os mesmos princípios, meios e objetivos;

Segundo, devemos rejeitar firmemente este plano diabólico, e pedir aos pastores da Igreja - assim como aos crentes comuns - que o defendam e rompam seu silêncio cúmplice: Caso contrário, Deus exigirá deles a prestação de contas por sua apostasia;

Finalmente, é necessário rezar e pedir ao Senhor que dê forças a cada um de nós para resistir à tirania ideológica que nos é imposta diariamente, não apenas pela mídia, mas também pelos cardeais e bispos que estão sob o polegar de Bergoglio".

Se provarmos que somos firmes nesta tentação, se não nos deixarmos seduzir por "falsos cristos e falsos profetas", então o Senhor nos dará - pelo menos por enquanto - a derrota do ataque dos filhos das trevas contra Deus e os homens. Mas se, por medo, seguirmos o príncipe deste mundo... seremos condenados juntamente com ele à derrota inexorável e à perdição eterna".

Tremo para aqueles que não percebem esta responsabilidade para com Deus pelas almas a eles confiadas". Mas para aqueles que lutam corajosamente para defender os direitos de Deus, da nação e da família (dos crentes), o Senhor assegura Sua proteção".

Você às vezes acredita que os seguidores de Satanás são honestos e sinceros?

"Você não falhou nesta batalha, pois é seu dever sagrado fazer sua própria contribuição tomando o lado do Bem". Outros, viciados em corrupções, ou cegos por um ódio infernal a Nosso Senhor, escolheram o lado do Mal".

Não pense que as crianças das trevas operam de forma honesta, nem fique chocado que elas façam uso de enganos. Ou você às vezes acredita que os seguidores de Satanás são honestos, sinceros e leais? O Senhor nos advertiu sobre o diabo, que "foi um assassino de homens desde o início, e não permanece em verdade, pois não há verdade nele". Quando ele diz a mentira, ele fala de acordo com sua natureza, pois é um mentiroso e o pai da mentira". (João 8:44)

Peguem suas armas espirituais agora que o inferno parece estar ganhando

Agora que as portas do inferno parecem estar vencendo, permitam-me apelar para vocês. Confio em sua resposta imediata e generosa". Peço-lhes que depositem sua confiança em Deus, um ato de humildade e devoção fraterna ao Senhor dos Anfitriões.... Orem com uma alma honesta, com um coração puro, com a certeza de que serão ouvidos e ouvidos. Orem para que as forças do Mal sejam derrotadas, e os poderes do Bem prevaleçam.'*

Vigano chama todos os crentes de todas as idades a orar e a pegar suas "armas espirituais, das quais Satanás e seus lacaios terão de se retirar furiosamente... Não se desencoraje com as decepções do Inimigo, especialmente nesta época terrível em que as mentiras descaradas e as fraudes são provocadoras para o céu. Se você rezar com fé, os dias de nossos adversários serão contados".

Será que um "renascimento espiritual" tem uma chance?

Em conclusão, o Arcebispo espera que as pessoas no mundo inteiro falem a uma só voz em suas igrejas, casas e ruas, e se unam espiritualmente para lutar e vencer esta batalha espiritual para que haja "um renascimento espiritual" não apenas nos EUA, mas em todo o mundo.

Entretanto, isto exigirá algo que nunca foi alcançado até agora, ou seja, que as pessoas olhem além de suas próprias estruturas religiosas ou ideológicas, respeitem as visões e opiniões diferentes e divergentes umas das outras, e se concentrem juntas no objetivo comum de não permitir que este mundo caia definitivamente nas mãos das forças globalistas do Mal, que começaram sua tomada final do poder desde este ano, e agora estão impondo sua ditadura de vírus climático à humanidade em um ritmo implacável.

Até agora, podemos ver que a velha tática de "dividir e conquistar" está infelizmente funcionando perfeitamente mesmo entre a parte acordada e acordada da população. No momento em que começamos a impor uns aos outros que devemos necessariamente olhar para algo ou explicá-lo desta ou daquela forma, que devemos usar estes ou aqueles termos, e que de outra forma estamos "errados", não temos nenhuma chance. E então você pode esperar e rezar até ficar com a cara azul, mas isso não terá absolutamente nenhum efeito, já que cada mudança real começa por você mesmo.

Capítulo 4: Reconstruindo a sociedade

Milhões de cristãos e conservadores que votaram no Trump precisam ser "reeducados" à força - a América não é um país cristão há muito tempo, e as próprias igrejas também têm que agradecer por isso.

Um grupo influente de delegados democratas está apoiando um documento dos democratas seculares da América exigindo que ele cale a "direita branca e cristã", apague os "princípios bíblicos" do país e renuncie à "base judaico-cristã" da sociedade. Em um discurso, o Presidente Obama declarou uma vez que "a América não é mais uma nação cristã". Biden parece estar definitivamente cuidando disso. O que tomará o seu lugar é uma ditadura marxista, subordinada às Nações Unidas - tal como na Europa.

Que o próprio Biden tem muito em comum com a agenda anticristã de extrema-esquerda é indiscutível. Em 15 de setembro de 2018, ele literalmente chamou uma parte da direita cristã que havia votado no Trump dois anos antes "a escória da sociedade".

Entre o chamado apoiado por pelo menos 13 delegados democratas está Rashida Tlaib, que se cobriu com uma bandeira palestina nas últimas eleições, jurando que "vamos depor este M.. F.. (Trump) vai depor". Outro promotor, Steve Cohen, tem laços com o Memphis Socialist Party USA, e com membros da Liberation Road, uma organização comunista pró-Chinese. O co-fundador Jamie Raskin escreveu artigos para os Socialistas Democratas da América.

Os cristãos tradicionais teriam influência "sectária, perigosa".

De acordo com Brannon Howse, um apresentador de rádio conservador, os democratas têm um problema não com as igrejas em geral, mas com as igrejas de "direita", que se apegam aos princípios bíblicos tradicionais. "Desde que você pregue a religião socialista progressista de esquerda, eles acham bem, mas se você prega algo baseado nos valores judaico-cristãos, eles querem acabar com você".

Os redatores até mesmo exigem que Biden rompa abertamente com o termo "judaico-cristão" e aja contra a "influência sectária e perigosa" dos cristãos no governo. A oposição dos conservadores americanos ao aborto, à pesquisa com células-tronco e à agenda do carbono/clima é chamada de parte de uma "guerra cultural" contra a "ciência". Trump e a comunidade cristã também são culpados pelas supostas "centenas de milhares de mortes" causadas pelo Covid-19.

Cristãos se interpõem no caminho da América comunista

O autor e cineasta Trevor Loudon, que está envolvido com a esquerda há décadas, apontou que os cristãos são demonizados no documento como "nacionalistas" com uma agenda "extremista, sectária" e "supremacista branca". Isto pode ser tomado como uma recomendação para enviar cristãos conservadores aos campos de reeducação", disse Loudon. Eles falam sobre reeducação e reprogramação dos cristãos tradicionais, que do seu ponto de vista são pessoas perigosas, racistas e nacionalistas".

O que eles realmente estão dizendo é que querem fazer uma lavagem cerebral com suas idéias. Os comunistas estariam orgulhosos deste documento. O Partido Democrata é agora um partido marxista. Este documento é dirigido contra o maior inimigo dos marxistas neste país, e isso é o cristianismo tradicional. Isso é muito claro'.

Os esquerdistas e comunistas já controlam Hollywood (a indústria cinematográfica e de entretenimento), a educação, a mídia e a maioria das instituições. A única coisa que eles não controlam são os cristãos conservadores que acreditam na Bíblia, que votaram em Reagan na época, e agora em Trump".

Os cristãos impediram a candidata de sonho da elite, Hillary Clinton, de se tornar presidente. Ela deveria ter completado a comunistização da América. Portanto, a esquerda entende que eles têm que suprimir o cristianismo, ou pervertê-lo em sua própria direção".

Nos escritos, estes "Democratas Seculares da América" chamam Biden para:

* Cortar todos os fundos para centros de crise de gravidez e programas educacionais que promovam a abstinência sexual;

* Acabar com a liberdade de expressão religiosa, revogar a Lei de Restauração da Liberdade Religiosa (RFRA) e rescindir as proteções federais de liberdade religiosa colocadas em prática pelo Trump;

* Tornar as vacinas obrigatórias para as crianças, e tirar a opinião dos pais sobre o assunto;

* Remover o termo "Em Deus Confiamos" dos dólares americanos físicos;

* Fim do apoio de Trump às agências de adoção e fomento que operam com base em princípios religiosos;

* Fornecer altos subsídios para "educação sexual abrangente" a crianças em idade escolar, incluindo a promoção de muitas dezenas de tipos de "gêneros";

* Opõe-se ao 'Projeto Blitz', que promove os valores familiares tradicionais e prejudicaria a agenda LGBTQ;

* Para deixar de usar o termo "valores judaico-cristãos" porque dezenas de milhões de americanos não se sentiriam mais representados por ele.

Sob o regime de Biden-Harris, como na China, as igrejas provavelmente só poderão continuar a existir se pregarem a "linha partidária" de forma irrepreensível e acrítica ou, em outras palavras, se obrigarem seus seguidores a uma obediência absoluta ao governo e às políticas governamentais. Isto significa que não haverá mais lugar para igrejas e crentes que continuam a aderir aos valores cristãos clássicos relativos a Deus, ao amor ao país, à família e à inviolabilidade do indivíduo.

A América não é um país cristão há muito tempo

Finalmente, gostaríamos de observar que os Estados Unidos não é mais um país cristão (há muito tempo). Numerosos presidentes que se identificaram como "cristãos" travaram guerras sangrentas, a penúltima das quais, Barack Obama, causou até 10 x mais vítimas civis do que seu predecessor insultado George Bush. O ódio que os extremistas muçulmanos nutrem contra os cristãos e o cristianismo é causado em grande parte por isso, e, portanto, bastante compreensível.

Um presidente que se senta na igreja no domingo, e na segunda-feira dá a ordem de bombardear seu país e mergulhá-lo no caos, e que não considera algumas baixas civis mais ou menos, certamente não é um anúncio para a fé cristã. O mesmo pode ser dito sobre a enorme riqueza e ganância que caracteriza os políticos, banqueiros e homens de negócios americanos.

Além disso, uma grande parte da América Cristã "normal" também passou a se concentrar na busca de dinheiro, riqueza, sucesso, prosperidade e saúde (o falso "evangelho da felicidade", como Corry ten Boom o chamou). Este evangelho egocêntrico, essencialmente violado, pregado por muitas "mega igrejas", foi espalhado pelo mundo após a Segunda Guerra Mundial, e envenenou não apenas praticamente todas as igrejas ocidentais (em maior ou menor grau), mas também as da América do Sul, África e grandes partes da Ásia.

Assim, o cristianismo americano predominantemente hipócrita se corroeu completamente, por assim dizer, e terá que colher os frutos amargos disso sob o regime de Biden-Harris. Esta não é uma perspectiva agradável, mas separará o trigo do joio entre os cristãos, especialmente se se verificar que a teologia escapista da prosperidade, que foi mantida por anos que os crentes não têm que passar (a) tribulação aqui, foi uma mentira flagrante.

Capítulo 5: Vacinas expostas

O homem transhumano a ser integrado ao sistema de controle digital global, 'Biosensor nanotecnológico 5G implantável já em 2021 nas vacinas Covid-19'.

O braço de desenvolvimento tecnológico do Pentágono, DARPA, e a Fundação Bill & Melinda Gates estão colaborando com a empresa de tecnologia Profusa no desenvolvimento de um biosensor nanotecnológico implantável feito de hidrogel (substância similar a uma lente de contato macia). Este biosensor, que é menor que um grão de arroz, pode ser injetado junto com uma vacina e é aplicado logo abaixo da pele, onde realmente se funde com seu corpo. O componente nanotecnológico permite o monitoramento remoto de todas as informações sobre você, seu corpo e sua saúde via 5G. O biosensor, que também pode receber informações e comandos, deve ser aprovado pela FDA no início de 2021 - bem a tempo para a campanha global de vacinação Covid-19 planejada.

DefenseOne escreveu sobre este biosensor de hidrogel em março, que é "inserido sob a pele com uma agulha hipodérmica". Entre outras coisas, ele contém uma molécula especialmente projetada que envia um sinal fluorescente assim que o corpo começa a combater uma infecção. A parte eletrônica ligada a (/in) a pele detecta este sinal, e então envia um alerta para um médico, um website, ou uma agência governamental. É como um laboratório de sangue na pele que pode captar, mesmo antes de haver outros sintomas como tosse, a resposta do corpo à doença".

Portanto, não é difícil adivinhar por que este sensor pode ser considerado de grande importância pela elite na (assim chamada) luta contra o Covid-19. Qualquer pessoa que tenha este biosensor - inamovível - injetado em seu corpo será colocado em quarentena pelo governo na menor infecção, e poderá estar sujeito a outras medidas coercitivas, mesmo que a pessoa em questão não esteja doente, nem apresente sintomas do mesmo.

O Biosensor monitora todas as funções corporais e as transmite via 5G

Ao usar hidrogel, o biosensor não será visto pelo corpo como um intruso e atacado, mas sim integrado a ele. Além disso, segundo a empresa, o sensor pode não só detectar infecções, mas também monitorar os níveis de oxigênio e glicose em seu sangue, bem como seus níveis hormonais, seu ritmo cardíaco, sua respiração, sua temperatura corporal, sua vida sexual, suas emoções - em resumo, TUDO. Através do 5G, todas estas informações podem ser transmitidas em breve a todas as autoridades médicas e políticas.

Profusa está atualmente realizando um estudo com o Colégio Imperial, também financiado por Bill Gates, que se tornou infame por suas previsões ridículas de desgraça em relação ao Covid-19, que logo se revelaram totalmente falsas. No entanto, foi com base nelas que foram feitos os bloqueios, o distanciamento social, a destruição parcial da economia e a eliminação de muitas liberdades civis associadas.

Humanos transhumanos a serem integrados ao sistema de controle digital global

O biosensor, que pode portanto ser incorporado às vacinas Covid-19 já em 2021, chega muito perto de realizar a aspiração de um ser humano transhumano, no qual todos são totalmente controláveis e até mesmo orientáveis. O "novo humano", ou o humano 2.0 como previsto pela elite tecnológica em torno de Bill Gates e Elon Musk, será gradualmente transformado em uma espécie de cyborg entre agora e 2025-2030, e se tornará parte integrante - e portanto irreversível - de um sistema de controle digital global, no qual as liberdades pessoais terão desaparecido completamente, e mesmo o livre arbítrio humano terá sido retirado.

Não é por nada que chamamos a isto o sistema da "Besta". Pela primeira vez na história, a tecnologia avançou ao ponto em que as profecias bíblicas sobre o "sinal da Besta" podem ser plenamente realizadas e cumpridas.

Capítulo 6: Terror psicológico e guerra contra a humanidade

Antes de 2020, nossos governantes, os 1%, só exigiam seu trabalho físico; agora eles querem invadir e assumir o controle total de seu corpo' - 'Ainda há esperança para nós se você parar de participar e construir novas comunidades'.

A democracia foi abolida, o Estado de direito não funciona mais. Fala-se de uma verdadeira "guerra contra o povo", realizada por nossos próprios governos, que por sua vez são controlados pelas grandes empresas de tecnologia. Este é o início do 'tecno-fascismo' e de uma 'ditadura transhumanista', que está sendo imposta ao povo com a ajuda de medidas de terror psicológico (lockdowns, protetores bucais, toque de recolher, vacinas).

Propaganda diária para manter as pessoas obedientes

Salientando que inicialmente as medidas deveriam durar apenas alguns meses, mas agora, mais de um ano depois, ainda estão sendo aplicadas e estão sendo ampliadas, apesar dos crescentes protestos de cientistas, médicos, economistas e outros especialistas. Os governos, no entanto, não ouvem de modo algum estas vozes discordantes, e ir aos tribunais não faz mais sentido em lugar algum, pois os juízes só estão lá para dar um carimbo legal às políticas governamentais.

Na Alemanha, a resistência às medidas parece ser melhor e mais organizada. Essa resistência não é inútil e tem claramente um efeito. Podemos ver que "pela enorme propaganda que eles têm que fazer todos os dias". Sem essa propaganda, eles jamais conseguiriam escapar desta loucura". No entanto, se essa resistência acabará por significar o fim dos governos, ainda está por ver.

Direitos dos cidadãos marginalizados com a "insolência desenfreada".

O centro do problema é que a separação de poderes desapareceu, e com ela a base da democracia. Isto não tem funcionado por muito mais tempo. Esse processo começou especialmente após a contra-revolução neoliberal, há cerca de 30 anos. Isto criou um cartel de poder de partidos que na verdade só perseguem os mesmos objetivos.

O que há de especial nestes tempos é a "insolência desinibida com a qual nossos governos estão agora deixando de lado a lei". O constante estado de exceção no Ocidente é "a prova clássica de que o Estado de direito foi destruído". O principal jurista e propagandista nazista Karl Schmidt já havia definido este estado de exceção em seu livro Politische

Theologie. Quem controla o estado de exceção também controla o povo. Ele apontou que esta situação também poderia ser encenada.

Estado permanente de exceção; 'você não tem mais nada a dizer'.

Schmidt fez uma distinção de um estado de emergência, como uma inundação. Um estado de emergência é sempre temporário, mas um estado de exceção pode durar muito mais tempo. Na verdade, nossos governos estão agora tornando permanente este estado de exceção que está em vigor desde 2020. Eles encenaram este estado de coisas com a Corona. Em resumo, pode-se dizer que a democracia foi suspensa, foi abolida".

"Eles sabem que esses protetores bucais são um total absurdo, numerosos estudos confirmam isso. Mas você não tem mais nada a dizer. Você tem que se calar, essa é essencialmente a mensagem que quebra a constituição. Com isso vem todo tipo de opressão física. A opressão psicológica é muito pior".

A rejeição das medidas corona na antiga Alemanha Oriental está, graças ao passado comunista, "muito mais profundamente inserida na população do que no Ocidente completamente degenerado", embora também haja ali todo tipo de iniciativas (como Querdenken). A mídia de massa desempenha um papel muito ruim na atual ditadura opressiva da coroa, também promovendo a Guerra Fria 2.0 (contra a Rússia). Agora eles estão desempenhando o mesmo papel vergonhoso e nojento com a coroa como calcanhares do aparelho governamental, das multinacionais e da indústria financeira".

Instrumento de vírus para acionar o Great Reset

"O povo escolheu o vírus como instrumento para um novo reinado, o que é chamado de "Quarta Revolução Industrial", a Grande Reposição". A supracitada revolução neoliberal foi o início desta. Ela pôs um fim ao capitalismo social, no qual os cidadãos ainda podiam se beneficiar da crescente riqueza e prosperidade. É por isso que, em geral, as pessoas no Ocidente eram muito mais felizes nos anos 70 do que são agora.

Graças aos (neo)liberais, o Estado deixou de trabalhar principalmente para os cidadãos e começou a trabalhar principalmente para as multinacionais e para a indústria financeira. Nesses 30 anos, exatamente o que a neocon Zbigniew Brzezinski (com uma redação reconhecidamente diferente) havia planejado foi feito, ou seja, a "burrice" deliberada da ampla população ("burrice") com entretenimento sem sentido na TV e coisas do gênero. Enquanto isso, nossos governos foram assumidos. Sem que a população percebesse, seus governos se "redefiniam" internamente.

O radicalismo do mercado: As causas da crise foram recompensadas, o povo teve de sangrar

De 2007-2008 (colapso do Lehman Brothers, crise financeira) o radicalismo de mercado irrompeu em força total. Aqueles que causaram a crise, os bancos e especuladores, os criminosos organizados que haviam cometido gigantescos crimes (financeiros) e haviam desperdiçado trilhões, simplesmente disseram aos governos que eram "grandes demais para falhar", e que o povo deveria, portanto, pagar pela bagunça que haviam causado. Depois, continuaram com suas práticas, até os dias de hoje. Nossos governos tornaram isto possível, e ainda o estão tornando possível.

Esta expropriação da riqueza do povo e do Estado também se deu através de privatizações. O poder das corporações multinacionais cresceu cada vez mais, justamente porque foram desregulamentadas. Elas não eram mais restritas, podiam fazer o que quisessem. À medida que as receitas fiscais caíam e as dívidas dos estados aumentavam, estas corporações podiam então assumir quase tudo (saúde, transporte público, estradas, etc.).

Golpe de Estado passo a passo

"Um golpe de estado incremental é uma descrição muito boa para isto". Mas ainda não era suficiente para os que estão no poder hoje. Agora eles estão dizendo que a globalização - incluindo as viagens aéreas com manchas e o deslocamento da produção para o leste da Ásia, que exigiu grandes fluxos de transporte - não pode continuar assim. As mesmas pessoas que causaram isto estão agora realizando a Grande Reposição, e mais uma vez as dolorosas conseqüências disto estão sendo transmitidas apenas para a população comum.

Um dos grandes impulsionadores, Klaus Schwab (Fórum Econômico Mundial), literalmente chamou a coroa de "janela de oportunidade" (e reconheceu que este vírus não é mais perigoso do que a gripe). No entanto, ele prometeu que a sociedade jamais voltaria ao normal).

Degeneração coletiva? Até 90% das pessoas se deixaram assustar

É "impressionante a facilidade com que se joga com o público" e aceita tudo isso. Duas armas estão sendo usadas contra o povo; o medo e a mídia. Não se pode dizer o contrário, a não ser que eles tenham executado este jogo de medo perfeitamente. O que não entendemos é como é possível levar de 85% a 90% da população a este estado de medo". Ensign sugere como uma possível causa que pode ter havido 'degeneração coletiva bem antes da crise da coroa'.

Estudos recentes confirmam que o neoliberalismo tem causado um enorme "dano mental" na mente das pessoas, uma forma de diminuição do bem-estar. Se você desfruta de muita prosperidade, você se torna preguiçoso e fraco. Não há mais necessidade de fazer um esforço e de continuar pensando em outras idéias e opções, de permanecer alerta. De qualquer forma, o sentimento é que o Estado cuida de você. Ou você tem um bom emprego, mesmo que os trabalhadores estejam sob crescente pressão e estresse.

A temer pyschology foi alimentada com o aumento das chamadas catástrofes (clima, energia, natureza, etc.). Além disso, mais de 100 exercícios militares (OTAN) acontecem a cada ano porque a Rússia e a China gostariam de provocar a Terceira Guerra Mundial. Portanto, a sociedade já estava bastante imersa no medo permanente, apenas para receber o golpe final com a Corona.

As pessoas em posições sempre foram seguidoras.

Não apenas o público em geral, mas também médicos, médicos e cientistas, que sabem muito bem que a coroa não é uma grande ameaça, têm apoiado esta política. "A massa de pessoas em posições sempre foram seguidoras". Não tenha ilusões; tivemos uma alta posição no serviço público por 10 anos... Bem, antes de entrar, você tem que renunciar ao seu intelecto. Os idiotas do topo dizem apenas que "se dizemos que a parede branca é vermelha, então ela é vermelha".

Em resumo, quase todos esses especialistas estão agora escolhendo o caminho mais seguro. Se você quer sobreviver, manter seu emprego e sua posição, você tem que alinhar com tudo. Com isso vem muito oportunismo e auto-submissão, "e de fato, a auto-negação". Na área da saúde, muitos funcionários vêem o que realmente está acontecendo".

Os líderes governamentais invariavelmente invocam 'ciência', mas 'não creio que haja tanta corrupção em nenhum outro lugar'. Ressaltamos então que há também muitos cientistas que fazem objeções bem fundamentadas, mas que são simplesmente ignorados. Mais de 250 dos melhores cientistas, incluindo o maior virologista do mundo, John Ioannidis, simplesmente não são ouvidos. Ou pior: eles são perseguidos.

A democracia foi abolida, o governo ficou sem lei e sem direito a voto

O comportamento da polícia no Ocidente nos faz literalmente lembrar os "tempos da Gestapo". Mais uma vez, a democracia foi abolida e os que estão no governo estão se permitindo toda brutalidade que se possa imaginar. Vejamos, por exemplo, o toque de recolher. O juiz o rejeita, e quatro horas depois o governo comete um novo truque sujo. O que é isto"! Alferes: "Então isso significa que existe realmente uma ilegalidade?

"Sim, absolutamente! A falta de lei, a violação da constituição, não é mais nada". Alferes: 'As leis só vão num sentido: ditar ao povo e, inversamente, não oferecem mais nenhuma proteção legal'. Todos os limites de uma justiça intacta caíram.

O alferes então cita o artigo em senso comum intitulado "O Tirano Alemão", no qual o sociólogo escreve que "eles são os inimigos da humanidade". Merkel odeia a Alemanha e o povo alemão. Isso certamente tem a ver com o seu crescimento na ditadura (RDA). Ela era a candidata ideal para um putsch de governo arrepiante na Alemanha. Tais figuras não são implantadas sem a aprovação dos atores transatlânticos ou dos EUA". Ensign diz que isto é verdade para todos os países ocidentais, e nossos governos são "efetivamente colaboradores com o inimigo".

O 11 de setembro foi o início da guerra contra seu próprio povo".

Os governos colaboram contra seus próprios povos... chegamos ao ponto de dizer que eles fazem guerra contra os povos... Esta forma de guerra começou com o 11 de setembro. Ela foi dirigida primeiramente para fora, para destruir o Oriente Médio. Mas ela também deu uma mensagem perversa ao seu próprio povo. O Departamento de Segurança Nacional tornou-se uma espécie de segundo Pentágono, mas para o próprio país, com todas as revogações de direitos civis e direitos fundamentais, tirando a liberdade dos cidadãos, como resultado".

Então explodiu o número de ataques terroristas na Europa, que foi uma outra forma de desestabilização do medo ("Operação Gladio" na Europa, uma "estratégia de tensão" deliberada e executada pela inteligência).

No entanto, os ataques terroristas ainda não estavam tendo efeito suficiente, então eles queriam algo com o qual manter a população em medo sistemático. Isso se tornou corona, 'a coroa (corona) da elite ocidental', 'a completa prisão dos povos por este embuste corona (pandemia*)'... Como criminosos organizados, não se pode fazer melhor'. 'Vocês poderiam admirá-lo se não fosse tão maligno'.

Agora, para levar isto à perfeição foram necessários anos de preparação (por exemplo, com o Evento 201 em outubro de 2019). Isso também incluiu a gripe suína (gripe suína) e a gripe aviária. Alferes: "Então estamos enfrentando um inimigo muito bem organizado da humanidade..." "Sim, absolutamente". Alferes: 'Então ainda temos uma chance?'.

Eles querem nos mergulhar e às gerações futuras na servidão absoluta da dívida

"Essa é a grande e excitante questão,". Não podemos esperar mais nada de nossos governos. Eles certamente não tiveram escolha desde Corona. Eles estão trabalhando no 'endividamento total' de todos os estados, usando a Corona como desculpa. O Deutsche Bank já recebeu luz verde da Merkel por 1,9 trilhões de euros em empréstimos em abril de 2020. Seu objetivo principal: mergulhar as próximas gerações na escravidão absoluta da dívida e possuir todas as partes ainda vitais ("bens", pense em NL de PMEs e agricultores)".

Os políticos corruptos lucraram pessoalmente enormemente com todas essas privatizações neoliberais. Eles só queriam fazer carreira e não olharam para nenhum outro interesse. "Vejam a política, há tantos zeros lá dentro agora. Não se iluda com isso. E o que um zero tem a perder? Eles têm tudo a ganhar. Quem quer participar de um partido político agora?

Quase não há mais ideologia política, apenas a perpetuação de posições de poder", diz Stuurman. Daí o infame efeito de porta giratória: pessoas da política muitas vezes acabam em grandes negócios e bancos (e às vezes vice versa). É tudo sobre nós e somente sobre nós". Qualificações e conquistas não são mais importantes.

Conglomerados internacionais e ONGs assumiram o governo "como um câncer

Organismos internacionais e ONGs (*especialmente nos campos da globalização e do clima*) penetraram então "como um tumor cancerígeno" no governo, e o fizeram elaborar e implementar leis contra seu próprio povo, seu próprio país e suas próprias empresas. Enquanto isso, este aparelho governamental devora bilhões de pessoas. Isto ainda seria justificável se eles realmente quisessem fazer algo pelo povo, mas isso não é mais o caso.

Depois há o exemplo dos 600 bilhões que foram gastos em medidas corona somente na Europa. Enquanto isso, ainda se afirma que há muito pouca capacidade hospitalar. Mas para esses 130 bilhões, poderíamos ter reconstruído cinco vezes todo o sistema de saúde, incluindo o pessoal. Mas nem um centavo foi gasto com isso". É um processo de destruição incomparável. Eles estão empenhados na destruição de manhã à noite'.

As pessoas que não podem e não querem mais viver assim em nossos estados antidemocráticos têm que começar a cuidar de seus próprios interesses. Eles têm que começar a se unir, continuar protestando e se manifestando, se separar o máximo possível da política atual, e parar de observar e seguir todos os meios de comunicação, porque eles só condenam qualquer dissidência.

10% - 20% da humanidade criará um novo caminho

A população pode estar se dividindo em dois grupos, "mas essa divisão já existe há muito tempo," Você costumava poder falar com as pessoas sobre muitas coisas, mas desde Corona isso parou. Uma cisão que atravessa diretamente amigos, colegas e famílias. De qualquer forma, eles não entendem nada. Você pode dizer a eles o que quiser, apontar para a experiência de outros cientistas, mas eles simplesmente não querem ouvir. Todo outro som é chamado de "bobagem", enquanto eles mesmos ainda nem sequer o investigaram.

"Eles não lêem nada! Houve excelentes publicações (por cientistas conceituados) nos últimos meses, mas eles não se importam". Daquela parte da população, não podemos esperar mais nada. Ficamos com 10% - 20%. Se todos eles se tornarem ativos, o governo tem um problema real. Todas as possibilidades restantes devem ser esgotadas para acabar com esta política criminosa.

Além disso, esses 20% devem desenvolver um novo modo de vida, e aceitar que isso implica muito mais riscos. O maior problema é que não temos nosso próprio território fechado (*uma espécie de "estado*

livre"), portanto, quer você viva na Alemanha, Holanda, França, Itália ou Inglaterra, você será perseguido.
Alferes: "Há espaço para otimismo então?

Tudo o que torna a vida divertida estes supercriminosos destruíram".

No panorama geral, não vejo isso. Não creio que possamos dar a volta a isto dentro de um ou dois anos". Todos devem, portanto, tornar-se e permanecer ativos em seu próprio campo - médicos, cientistas, publicitários, jornalistas, etc. - Tornar-se e permanecer ativos, e conectar-se uns com os outros. Mies reitera sua enorme surpresa com a cooperação das PMEs (hospitalidade, entretenimento, eventos, esportes, turismo, lojistas, etc.) com sua própria destruição. Tudo o que torna a vida divertida, estes super criminosos destruíram".

Dezenas de milhares de empresas falidas, centenas de milhares de pessoas desempregadas, e ainda sem resistência? No entanto, são necessários apenas 2 ou 3 milhões de pessoas determinadas para ir a Berlim, e "Merkel pode empacotar o produto então". Ela terá dificuldade para fugir. Também estamos perplexos que tantas empresas estejam se trancando, só porque o ministro diz isso. "Você sabe por que elas estão participando? Porque eles são estruturalmente conservadores. A maioria das PME'ers e também os freelancers nunca foram pessoas rebeldes'. A

obediência automática ao governo está em seu sistema.
Até hoje, isto os impede de se rebelarem em massa.

Contatos qualitativos em vez de chocalhos sociais

Apesar da situação ruim, há algo muito positivo, a
saber, que conhecemos pessoas que pensam da mesma
maneira e conseguimos estabelecer contato com elas
em um nível completamente diferente e de alta
qualidade. Eles não falam mais de bobagens como
faziam com contatos antigos e fora de contato (a
"tagarelice social", ou seja, os resultados do futebol, os
programas de TV de ontem, notícias sobre as pessoas
do BN, o novo carro alugado, etc.). Isso é puro lucro.

Mas existem grandes preocupações, tais como sobre os
próximos passaportes corona e de vacinação, que
excluirão pessoas que não tenham sido testadas e/ou
vacinadas. Ainda assim, "quanto maior for a pressão
sobre a população, maior será a resistência". Este já é o
caso".

*"As pessoas que provocam os teóricos da conspiração
não lêem mais nada por si mesmas".*

Só podemos recomendar o último livro de Klaus Schwab
sobre a Covid-19 às pessoas que dizem isso. Todos os
desenvolvimentos distópicos estão nele, incluindo
controle e redução da população, novas tecnologias,

ID2020, tudo está conectado, do início ao fim, você está sob controle total. Se as pessoas ainda afirmam que somos os teóricos da conspiração, só podemos dizer que na mente dessas pessoas nada funciona".

Stuurman também vê que as pessoas que falam de teorias da conspiração não leram e não sabem do que se trata. Mas eles mesmos podem lê-la dos executores desta verdadeira conspiração, como Klaus Schwab! Eles não deveriam ser tão preguiçosos! Isso é tudo".

Techno-fascismo: o fim da humanidade como a conhecemos

O que Schwab quer, o Grande Reset 'é uma espécie de tecno-fascismo, uma tirania, uma ditadura trans-humanista. Eles querem entrar em seu corpo". Esse é o novo regime de lucro, o novo capitalismo. Eles costumavam usar sua força de trabalho, agora eles querem entrar em você. Eles querem implantar e injetar algo em você. Eles estão conectando tudo. Primeiro vem 5G, depois 6G, e depois é só ver o que acontece a seguir. No fundo, isto é tecnologia militar'.

Isto na verdade significa o fim da humanidade como uma espécie como ela é. Como espécie autônoma como a conhecemos, sim... Podemos falar do fim da humanidade como a conhecíamos. Eles querem um ser híbrido, um techno-monster, um cyborg, e acham que isso é ótimo. Eles então chamam isso de uma melhoria.

Sim, para a polícia, para os serviços de segurança e para os militares é, mas não para a humanidade'. O que eles querem é uma espécie de "painel de controle" tecnocrático abrangente com o qual todos, até o último homem, mulher e criança, possam ser monitorados e controlados. Esse é o plano deles, essa é exatamente a idéia deles.

Para ver o que está acontecendo agora, aconselhamos a todos a procurarem no Google Albert Biedermann e seu "gráfico de coerção", que mostra exatamente como os governantes atuais trabalham para nos colocar sob controle total, e também como manter os prisioneiros de guerra sob controle. E isso é exatamente como agora: psicologia manipuladora até o extremo absoluto".

BIEDERMANN'S CHART OF COERCION

1. ISOLATION
2. EXHAUSTION + INDUCED DEBILITY
3. THREATS + INTIMIDATION
4. HUMILIATION + DEGRATION
5. DISTORTION
6. OMNIPOTENCE
7. INTERMITTENT REINFORCEMENT
8. ENFORCING TRIVIAL DEMANDS

Isto é terror, estamos sendo tratados como prisioneiros de guerra''.

Isolamento, monopolização da percepção (silenciando / ridicularizando todas as vozes críticas), aterrorizando e esgotando psicologicamente as pessoas com a exigência de um protetor bucal, distanciamento social, toque de recolher e vacinação - tudo isso é feito de propósito e,

44

claro, penalidades elevadas e ações duras contra aqueles que não cumprem e/ou protestam. Sem protetor bucal? Pena! Fora à noite, depois das dez? Punição! Então: TERROR".

As pessoas estão sendo privadas do uso da lógica", acrescenta Stuurman. As pessoas não estão mais autorizadas a pensar e julgar por si mesmas. Nada mais é julgado; é dito a elas o que fazer e o que não fazer. E quando se sentam em sua gaiola como um coelho assustado, eles são apenas segurados por uma cenoura. E então o coelhinho assustado diz: oh, não é tão ruim assim, não é? Eles realmente têm no coração nossos melhores interesses, não é mesmo?

Isto nada mais é do que a "domesticação" da população. Somos tratados como prisioneiros de guerra, não mais como seres humanos. É preciso se submeter. Isto é um cativeiro aberto". Ao mesmo tempo, as vítimas se tornam dependentes dos perpetradores (Síndrome de Estocolmo), e à noite, em frente à TV, se agarram aos lábios daqueles que fazem tudo isso com eles.

Não se envolva mais na sociedade moderna; construa novas comunidades

Há esperança, mas somente "se você deixar de participar". Ignore as ordens tanto quanto possível', mas você não precisa se tornar um mártir, por exemplo, que elas invadam sua casa. E muito importante: fazer novas amizades, e se tivermos que nos encontrar no bosque ou em um porão, assim seja. '

Tente estabelecer novas comunidades e novas vilas". Saia das grandes cidades, elas estão quebradas de qualquer maneira. E, na medida do possível, voltar às tecnologias analógicas". Portanto, internet somente quando necessário, e sempre os últimos smartphones e aplicativos é absolutamente desnecessário (especialmente não o aplicativo corona). Portanto, obter a máxima independência do sistema".

Capítulo 7: Agenda 2021 resumida

O Estado nacional, a liberdade e sua voz estão sendo completamente destruídos" - "Somente a resistência em massa pode deter esta agenda anti-humana, que já está sendo implementada".

Café Weltschmerz publicou uma entrevista com um reconhecido especialista americano sobre a Agenda 21, que pode ser resumida como uma tomada de poder que eventualmente colocará o mundo inteiro sob uma ditadura comunista tecnocrática, na qual indivíduos e povos não terão nenhuma palavra a dizer, nem mesmo sobre sua própria saúde e vida. Com o embuste do Covid-19, a próxima fase deste golpe de fato contra nossa liberdade, democracia e direito à autodeterminação já começou. Portanto, o Café Weltschmerz não coloca "A agenda oculta por trás da destruição de nossa sociedade" para nada - uma destruição que também está sendo realizada deliberadamente pelos governos mundiais.

O jornalista independente Spiro Kouras (Posto Ativista) entrevistou a diretora executiva do Instituto Pós Sustentabilidade, Rosa Koire, uma especialista em uso de terras e direitos de propriedade que fez discursos ao redor do mundo. Seu trabalho pode ser encontrado no website Democratas Unidos Contra a Agenda21 da ONU, um website que estava inacessível no momento em que foi escrito.

Koire é também autor do livro "Behind the Green Mask - UN Agenda 21". A Agenda 21 foi assinada por 178 países e pelo Vaticano em 1992. Com esta agenda, uma elite do poder globalista quer ganhar controle total sobre toda a terra, água, vegetação, minerais, construção, meios de produção, alimentos e energia. A aplicação da lei, educação, informação e o próprio povo também devem estar sob este controle total.

Agenda 2030: etapa intermediária na destruição do Estado-nação e da liberdade

Além disso, grandes somas de "dinheiro" devem ser transferidas dos países desenvolvidos para os países menos desenvolvidos. Em última análise, trata-se de destruir sua capacidade de ter uma voz, um governo representativo". Os governos nacionais se transformam em administrações. "Sua capacidade de ser livre e independente está sendo completamente destruída. O objetivo é transferir o poder de pessoas locais e individuais para um sistema global de governo. É um plano para interromper e destruir o sistema existente. É um plano de transformação e controle, e é isso que estamos experimentando agora".

A Agenda 2030 é apenas um passo intermediário na Agenda 21, assim como 2020, 2025 e 2050 são. Até 2050, com a ajuda e apoio de grandes nomes globalistas como Ford, Rockefeller, Soros, Gates, Zuckerberg, Musk, o Papa, e por último, mas não menos importante, Rothschild, este plano pérfido deve ser completado. Até 2050, todos os Estados-nação devem ser abolidos e a população mundial concentrada em uma série de megacidades que podem abranger estados e países inteiros (assim como a Holanda, juntamente com a Bélgica e o Ruhr alemão, deve se tornar uma grande cidade).

Isto tem o objetivo de esmagar sua capacidade de controlar
o que acontece com você. É um plano global, mas está sendo
implementado localmente sob diferentes nomes". Isto é feito
deliberadamente para desviar a atenção das pessoas dos
objetivos reais.

Na verdade, tudo o que se chama "verde" e
"desenvolvimento sustentável" se enquadra na Agenda 21.
Isto inclui 'mudança climática', ou seja, todos os acordos e
iniciativas climáticas, e certamente o Covid-19 . Uma crise
global requer uma resposta global', é a idéia deles. E isso
justifica uma governança global".

A mudança climática e a corona p(l)andêmica 'são projetadas
para enviar as pessoas ao pânico, tão ruim que você
literalmente teme que não sobreviverá a ela'. Se realmente
existe ou não uma crise climática não é relevante, de acordo
com Koire. Ela funciona tão bem que teria sido inventada de
qualquer maneira (de fato, ela É inventada, concebida, no
início dos anos 90, que está literalmente escrita em
documentos da ONU).

O "Grande (Verde) Reset

Skouras então aponta para o "Grande (Verde) Reset" lançado
no Fórum Econômico Mundial em Davos. Koire responde que
ela "não quer ser alarmista", mas está muito preocupada
com o fato de que este "Reset" esteja agora sendo
impulsionado, independentemente do custo para as pessoas
e para a sociedade. No entanto, eles estão ficando atrás de
sua Máscara Verde, porque uma vez que ela se solta, as
botas e trincheiras dos soldados saem". Literalmente. Veja

também nosso artigo de 4 de dezembro de 2019: A ONU pode usar a força militar contra países que recusam a agenda climática" (/ "A ONU pode enfiar medidas extremas na garganta das pessoas" - os participantes da conferência climática de Madri querem acordos duros para quebrar a prosperidade e a liberdade na Europa).

Chegamos agora a um ponto em que os que estão no poder quase não se importam com as objeções e preocupações do povo. "Essa é uma espécie de mensagem deles para nós, que eles não se importam mais conosco". Parece que não há mais muito que possamos fazer, mas Koire acredita que ainda é possível.

A tecnologia avançou ao ponto de dois grandes objetivos, a vida eterna e a capacidade de criar vida por conta própria, terem chegado muito perto. Estas pessoas não têm limites éticos, o que é muito preocupante. Você viu isto com os nazistas, com Stalin, e agora. Não há literalmente nada que detenha estas pessoas".

Tudo e todos estarão conectados digitalmente

Na "Quarta Revolução Industrial" que agora puseram em marcha, tudo e todos devem estar conectados digitalmente. Eles estão falando de um novo contrato social. Bem, com um contrato, normalmente ambas as partes têm algo a dizer sobre ele. Mas este é um contrato onde nenhum de nós tem uma palavra a dizer. Esta é uma das razões pelas quais vemos toda esta histeria nas ruas. Isto é porque é uma lição, uma comunicação para nós: isto é o que acontece com você se você tomar as ruas e se atrever a se opor ao nosso plano".

As pessoas me perguntam: quem está fazendo isso conosco? Esse é o seu governo. O seu governo foi assumido". Com a ajuda de grupos e movimentos como Antifa e Black Lives Matter, está sendo feita uma tentativa de desencadear uma revolta. "Estamos sob ataque". Esta foi a razão pela qual Koire virou as costas para o Partido Democrata. Mas os partidos são apenas uma distração. No topo, o poder não conhece nenhum partido. Nesta tomada de poder globalista, todos os meios possíveis estão sendo utilizados. O plano é interromper e perturbar, e isso é o que todos estão vendo agora. Este é o plano para destruir a coesão social, e isso é muito bem sucedido".

Ela chama a situação agora de "extremamente perigosa" porque este plano é apoiado por universidades, fundações, empresas e agências governamentais. Todas estas partes foram doutrinadas, desde o jardim de infância até a educação universitária. Estes são os 'agentes de mudança' que foram ativados'.

'Transformação' = demolição do indivíduo

A palavra mágica amplamente utilizada é "transformação", tanto da educação, como da economia, da polícia e da sociedade. Transformação é, na realidade, quebrar o indivíduo, de sua aliança com qualquer sistema 'antigo', como sua família, seus pensamentos 'antigos', ou sua fé... É uma técnica psicológica que realmente quebra sua personalidade, e depois a reconstrói (de acordo com seus novos padrões)".

O termo "racismo institucional" também usado pelo governo europeu é "apenas uma desculpa para destruir literalmente sua mente". Mao Tse Tung usou-o, Sung usou-o, assim como os nazistas. É uma técnica pela qual sua personalidade é quebrada, a fim de reconstruir você como o novo ser humano, o novo cidadão do mundo".

O ser humano deve fundir-se com a A.I.

Neste processo, A.I. (inteligências artificiais) também entra em jogo. Uma força policial A.I. (global) A.I. está chegando, não composta de humanos. Além disso, os zangões não serão mais controlados por humanos, mas por A.I. "Não tenho que explicar que então você terá uma situação realmente perigosa". A Nova Zelândia recentemente lançou oficialmente seu primeiro policial A.I., e em Cingapura eles estão agora usando robôs inteligentes para impor o distanciamento social.

Skouras: 'Esta é essencialmente uma agenda anti-humanitária, onde eles querem fundir o humano com a máquina (IA)'.

Através das medidas Covid-19, todos foram declarados inimigos potenciais uns dos outros. A idéia é que você não confie mais nem mesmo em seus familiares e amigos mais próximos. Ao mesmo tempo, nossa saúde também está sendo degradada, o que Koire diz ser uma parte muito importante do plano da Agenda 21. Este é o plano para inventariar e controlar tudo, incluindo seu DNA (daí a insistência do governo de que o maior número possível de pessoas seja testado para o Covid-19 - isto permitirá que seu DNA seja coletado e armazenado imediatamente)".

Com seu "status de crédito social" como na China e logo nos EUA e Europa, você tem que "provar" que é um cidadão leal e obediente que é "digno" de continuar a viver na nova ordem. O sistema, naturalmente, vem fazendo isso há algum tempo, favorecendo certas pessoas talentosas, que o resto então tem que pagar. O sistema chinês vai ser implantado em todo o planeta.

Vacina contra o despovoamento

Os chineses também concordaram, nos anos 90, em trabalhar com os EUA em uma vacina contra o despovoamento". Eles foram em frente com isso? Essa vacina está sendo "vendida" à humanidade com um nome diferente (talvez uma vacina Covid-19?)? De qualquer forma, 'o despovoamento é uma parte essencial do plano'. Se for determinado que você não tem valor suficiente, e/ou está ocupando muito espaço, usando muita energia, muita água, muita terra, então você deve ser 'isolado' e realocado.

A grande maioria da humanidade será forçada a viver em ("multicultural") megacidades, onde cada aspecto de nossas vidas será controlado e gerenciado 24/7/365. Este plano tirará literalmente toda a liberdade de vocês por completo. E isto não se trata de um plano para o futuro, mas é algo que já está acontecendo neste momento. Portanto, isto não é apenas em 2030 ou 2050. 2020 é realmente um ano muito importante. Muitos destes planos estão sendo implementados agora a nível regional".

Fomos maciçamente enganados por nossos líderes e seus conselheiros", disse o Dr. Mike Yeadon, ex-vice-presidente da Pfizer, em entrevista à Stiftung Corona Ausschuss da Alemanha, há pouco menos de duas semanas. O que estou prestes a dizer chocará a todos". Yeadon advertiu que a constante "recarga" de vacinas corona, como agora parece ser a intenção (a "assinatura da vacina" como uma vez a chamamos no ano passado) não só é totalmente desnecessária, mas também ameaçadora, pois todas estas vacinas não passarão pelo processo normal de aprovação. "Seqüências genéticas serão injetadas diretamente nos braços de centenas de milhões de pessoas". Isto pode causar ferimentos graves e morte em uma proporção significativa da população mundial".

O imunologista e especialista em órgãos respiratórios Yeadon - que, a propósito, está longe da Pfizer há cerca de 10 anos - disse ter encontrado "um número muito grande de mortes" após as vacinações corona "sem coincidência". Ele chamou de "arrogante" dos fabricantes de vacinas assumir que estas novas vacinas, que instruem o corpo a produzir um pico de proteína do vírus corona, não causariam grandes problemas, porque estudos científicos já haviam demonstrado o perigo de que esta tecnologia causaria uma resposta (auto-)imunológica muito forte demais em muitas pessoas, o que poderia deixá-las gravemente doentes ou mesmo matá-las. Os últimos três meses mostraram que este é de fato o caso.

*Todas estas vacinas genéticas (Pfizer-AstraZeneca-Moderna)
representam um risco fundamental para a segurança da
população", advertiu ele.*

Por causa da má conexão, o Dr. Reiner Füllmich, um dos
chefes do comitê alemão, resumiu o que ele havia dito.
Segundo o Dr. Yeadon, o que está acontecendo agora é um
crime muito grave, cometido por "maus atores", nossa
própria elite política e autoproclamada "científica"... A
proteína spike é biologicamente ativa, e é replicada
precisamente pelas vacinas. Isto causa uma reação auto-
imune, como uma tempestade de citocinas. Vários milhares
de pessoas já morreram por causa disso na Europa. Em
Israel, mesmo 40 vezes mais pessoas com mais de 80 e 260
vezes mais jovens já morreram com a vacina do que com a
Covid-19. De todos os outros países, recebemos relatórios
semelhantes'.

"Todas as vacinas estimulam seu corpo a fazer essa proteína
de pico, e isso não é uma coisa boa para você... Ela é
biologicamente ativa, inicia processos biológicos e faz com
que certas funções corporais sejam totalmente
interrompidas ou mesmo destruídas', repetiu Yeadon.

**Os efeitos das vacinas podem ocorrer após dias, semanas,
meses ou mesmo anos**

Depende do sistema imunológico da pessoa e da reação de
suas células às instruções genéticas se esses efeitos ocorrem
imediatamente, a curto prazo, ou apenas a médio ou longo
prazo. Portanto, as pessoas que são vacinadas agora e dizem
"nada acontecerá", definitivamente não são seguras. Os

efeitos podem ocorrer amanhã, no próximo mês, no próximo ano, ou mesmo depois de alguns anos. Se eu fosse uma instituição (médica) eu não forneceria mais estas vacinas", enfatizou Yeadon.

Enquanto isso, dezenas de milhões de europeus e mais de 100 milhões de americanos já foram injetados com eles, e não parece que os políticos vão sequer considerar se estas "vacinas" embaladas como engenharia genética são realmente tão "seguras" como os fabricantes afirmam.

O Dr. Füllmich reiterou então as palavras de Yeadon de que as "vacinas" que estão sendo dispensadas agora não são na realidade vacinas, mas "algo completamente diferente". Ela só é classificada como vacina porque é usada como vacina". No entanto, não são vacinas, mas substâncias que equivalem à terapia genética, à manipulação genética. O pior é que muitos (graves) efeitos colaterais podem não estar ligados a estas substâncias, precisamente porque são falsamente usadas como 'vacinas'.

Primeiro passo é a conscientização, segundo passo: agir

Ainda podemos parar com isso? A conscientização é o primeiro passo da resistência", diz Koire. 'A ação é o segundo passo'. As pessoas precisam entender que agora estamos condicionados a permanecer passivos e a pensar que se pressionarmos 'como' nas mídias sociais, seremos politicamente ativos. Mas você não é um ativista político se não sair de sua casa'. Daí todos estes bloqueios e distanciamento social - eles querem declarar a oposição em massa a esta demolição da Agenda 21 e ao plano de controle total ilegal e impossível antecipadamente.

E não diga que seu governo é tão ruim que não há nada que
você possa fazer a respeito. Tenho certeza de que parece
assim, mas isso é porque você deixou que chegasse até aqui.
Não vai melhorar se você simplesmente deixar isto
continuar. É por isso que pensamos que você realmente
precisa "ocupar" seu governo (ocupar, também "apreender",
"ocupar", ou "ocupar"). Seja seu governo. Sim, estamos no
jogo final, e não nos resta muito tempo. Portanto, você
deveria ter feito isso há algum tempo'.

As pessoas precisam começar a reconhecer a Agenda 21,
mesmo em sua própria localidade e região. Traga-a para o
seu conselho local. Converse continuamente com os
representantes do povo sobre ela. Provavelmente cada item
da agenda de sua prefeitura está ligado à Agenda 21". Ela
aconselha as pessoas a olharem seu website e lerem seu livro
para que "você descubra como eles manipulam a opinião
pública, para que você não lhes cause problemas". Eles
querem que você fique em casa em sua cadeira'.

Assim, agir, falar com pessoas e funcionários, distribuir
folhetos, compartilhar vídeos, escrever e publicar sobre o
assunto. Porque apenas saber que isto está acontecendo,
sem fazer nada a respeito, não é mais suficiente. Você tem
que se tornar politicamente ativo e estar preparado para não
assumir imediatamente tudo deles". Por exemplo, eles
querem começar a substituir a realidade por VR (realidade
virtual), porque isso tornaria a vida muito mais
divertida.'Mas assim que você começar a fazer isso, sua vida
está acabada. Portanto, você tem que resistir'.

Não acredite na Wikipédia, Agenda-21 é uma agenda anti-humana

"Onde quer que você trabalhe, onde quer que você esteja, fale sobre isso". Muitas pessoas não vão gostar disso, e não vão gostar mais de você (não mais). Mas que assim seja, porque este plano é real e está sendo implementado agora mesmo, quer queiramos quer não. "A Agenda 21 NÃO é o que a Wikipédia lhe diz. NÃO é voluntária, e não 'não vinculativa'. Para você, este plano é obrigatório.... Portanto, vamos combater isto juntos. Devemos todos nos opor a ele'.

Eles estão vendendo-o como algo que irá melhorar e salvar o mundo, o clima, o meio ambiente. Mas (Agenda 21 / 2030) é uma agenda anti-humana que está sendo implementada agora mesmo. Não queremos seguir por esse caminho escuro, esse caminho para a tirania'.

Nossos outros livros

Confira nossos outros livros para outras notícias não relatadas, fatos expostos e verdades desmascaradas, e muito mais.

Junte-se ao exclusivo Rebel Press Media Circle!

Você receberá uma nova atualização sobre a realidade não relatada, entregue em sua caixa de entrada todas as sextas-feiras.

Inscreva-se aqui hoje:

https://campsite.bio/rebelpressmedia